シリーズ・貧困を考える ③

子どもの貧困・大人の貧困

貧困の悪循環 子ども時代に貧困なら大人になっても？

池上 彰/監修

稲葉 茂勝/著

ミネルヴァ書房

はじめに

2015年11月8日、「日本の子ども、6人に1人が『貧困』」というショッキングな見出しが新聞におどりました（朝日中高生新聞）。6人に1人というと、一般的な小学校の1クラス（30人）のなかに、貧困に苦しむ子どもが5人いることになります。

ところが、この記事を読んだ人のなかで、実際にどのくらいの人が、日本にそうした貧困の状態があると感じるでしょう。当の子どもたちのあいだでは、貧困の子どもの苦しみを自分の身近なこととして感じることができたでしょうか。

海外では、貧困で食べる物もなく、住む家もなく……という話をよく聞きますね。貧困のために子どもが学校にいけない。働かなければならない。そうした状況を貧困だとするならば、日本の子どもの6人に1人が貧困だといわれてもピンとこないでしょう。

そもそも貧困とは、どういうことでしょう。

この「シリーズ・貧困を考える」では、みなさんといっしょに貧困について、次の3巻構成でいろいろな角度から考えていきます。

①世界の貧困・日本の貧困
②昔の貧困・今の貧困
③子どもの貧困・大人の貧困

世界じゅうの貧困のようすが、国や地域によって大きく違っていること（①世界の貧困・日本の貧困）は容易に想像できるでしょう。でも、②昔の貧困・今の貧困というのが世界のことなのか、それとも日本の話なのか、疑問をもつ人もいるでしょう。③子どもの貧困・大人の貧困は、どこの国の子どもと大人について書いてあるのかとも……。

そこで、それぞれの巻に副題をつけてみました。

①国際比較 〜世界と日本の同じと違いを考えよう！
②歴史的変化 〜変わる貧困と変わらない貧困を考えよう！
③貧困の悪循環 〜子ども時代に貧困なら大人になっても？

このように、このシリーズでは、巻ごとに異なった視点で世界と日本の貧困について考えていきます。どの巻にも、必要に応じて世界の国ぐにと日本のようすを記してあります。

みなさん！ 6人に1人が貧困という日本の実態を直視してください。それがどういうことなのか、このままの状態だと日本は、どうなってしまうのかなどについても、よく考えてください。

そしてみなさんには、貧困をなくさなければならないという気持ちを、より強くもってもらいたい！ そのために、貧困について多角的に考えるこのシリーズをつくりました。

子どもジャーナリスト Journalist for children　稲葉茂勝

もくじ

1. 日本の子どもの貧困率 …………………………………… 4
2. 日本の貧困家庭と子ども ………………………………… 6
   - ●貧困といじめ ………………………………………… 8
3. 日本と世界の教育格差 …………………………………… 10
   - ●子どもに関する深刻な問題 ………………………… 12
4. 学校にいけない・いかない ……………………………… 16
5. 学校にいかないとどうなる ……………………………… 18
   - ●義務教育 ……………………………………………… 20
6. 日本の私立中学受験 ……………………………………… 22
7. 学校給食と貧困問題 ……………………………………… 24
8. 子どもの貧困問題、わたしたちにできること ………… 26
9. 決め手は「キャリア教育」！ …………………………… 28

■ 用語解説 ………… 30
■ さくいん ………… 31

1 日本の子どもの貧困率

日本は数十年前とくらべると、国全体としては、まちがいなく豊かになっています。しかし、貧富の差（経済格差）がじょじょに広がってきているのもたしかです。

子どもの相対的貧困率

下のグラフは、日本の相対的貧困率（→1巻p11）をしめすもので、赤線が子どもの貧困率、青線が全体の推移です。

「子どもの貧困率」とは、相対的貧困率のうち、17歳以下の子どもの数値です。

厚生労働省の調査によると子どもの貧困率は1985年は10.9％でしたが、2012年には過去最悪の16.3％となりました。これは、「はじめに」にも書きましたが、およそ6人に1人が貧困であることをしめすものです。

なお、これまでは、全体の貧困率が子どもの貧困率より上回っていましたが、このときはじめて子どもの貧困率が全体の貧困率をこえました。

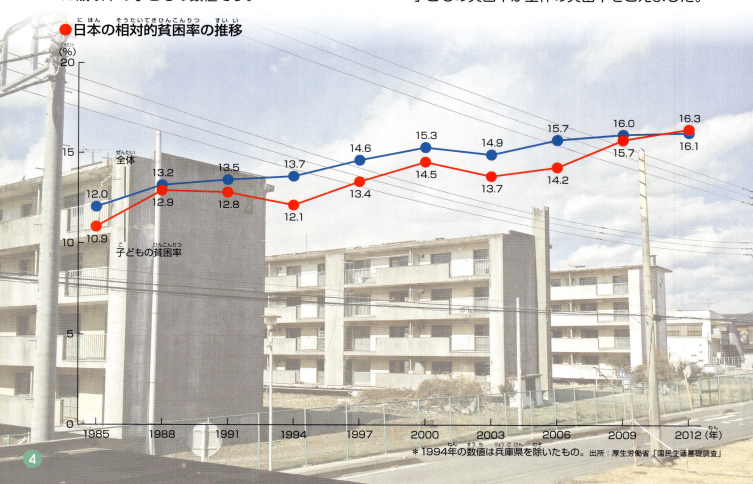
●日本の相対的貧困率の推移

全体: 12.0, 13.2, 13.5, 13.7, 14.6, 15.3, 14.9, 15.7, 16.0, 16.1
子どもの貧困率: 10.9, 12.9, 12.8, 12.1, 13.4, 14.5, 13.7, 14.2, 15.7, 16.3

1985, 1988, 1991, 1994, 1997, 2000, 2003, 2006, 2009, 2012（年）

＊1994年の数値は兵庫県を除いたもの。　出所：厚生労働省「国民生活基礎調査」

日本の子どもの貧困率

OECDの資料

経済協力開発機構（OECD）の資料からも、日本の子どもの貧困の状態がよくわかります。それによると、日本の子どもの相対的貧困率は、OECD加盟国35か国のうち、11番目という高い位置になっています。子どもの貧困というと、海外の問題のように思われがちですが、けっして海外だけの問題ではないのです。

●子どもの相対的貧困率の国際比較（2013年または統計のある最新値）

国	貧困率(%)
デンマーク	2.7
フィンランド	4.6
アイスランド	5.6
ノルウェー	6.8
韓国	7.1
スイス	7.1
スウェーデン	8.5
アイルランド	9.1
ドイツ	9.8
スロベニア	9.8
イギリス	9.9
オーストリア	10.2
チェコ	10.3
オランダ	10.5
フランス	11.3
ハンガリー	11.8 (2014年)
ルクセンブルク	12.4
ベルギー	12.5
ニュージーランド	12.8 (2012年)
オーストラリア	13.0 (2014年)
OECD加盟国平均	13.3
ポーランド	13.4
スロバキア	13.5
エストニア	14.3
ラトビア	15.4
日本	16.3 (2012年)
カナダ	16.5
イタリア	17.7
ポルトガル	18.2
ギリシャ	18.7
メキシコ	19.7 (2014年)
アメリカ	20.5
チリ	22.5
スペイン	23.4
イスラエル	24.3
トルコ	25.3

出所：OECD「Family database "Child poverty"」

家庭の経済格差と子どもの教育格差

2014年3月、文部科学省は、「全国学力・学習状況調査（全国学力テスト）」を分析した結果、親の年収や学歴が高い子どもほど学力が高い傾向があったと発表しました。収入の多い家庭の子どもと少ない家庭の子どもとが、学力テストの正答率で、およそ20ポイント開いていたというのです。これは、収入が少ない家庭は子どもにかけられる「学校外教育費」が少ないことなどによるものだと考えられています。家庭の経済格差が、教育格差をうんでいるのです（→p10）。

親が貧困であるということは、子どもから学習の機会や、さまざまな体験活動（スポーツや文化活動など）の機会をうばってしまうことなのです。

近年、このことが日本の大きな社会問題となってきました。貧困により、低学力・低学歴になってしまう子どもは、大人になっても低収入の仕事につかざるを得なくなるといいます。そして、こうした状態は、「貧困の世代間連鎖」とよばれ、次の世代の貧困につながるともいわれています。

> 子ども時代の貧困が大人になってもつづくことを「貧困の世代間連鎖」というよ。次の世代の貧困につながるのは、かなしいことだね。

2 日本の貧困家庭と子ども

近年日本では、リストラや倒産、失業などにより、生計を維持することがむずかしい世帯が増加しています。それにつれて貧困に苦しむ子どももどんどん増加しています。

さまざまな貧困化の理由

親の仕事がうまくいかなくなれば、子どもが貧困におちいるのは当然です。しかし、子どもの貧困化の理由は、親の仕事によるものだけではありません。次のような理由からも、子どもが貧困におちいっているのです。

- 親の離婚などによるひとり親世帯、とくに父親がいなく、母親が主なかせぎ手となっている。
- かせぎ手が病気になったり、家族のだれかが病気や事故などにあい、じゅうぶんな収入を得られない。この場合は、医療費を優先せざるを得ない。

女性は低賃金など就労条件が不利なことが多い。

● OECD加盟国のひとり親世帯の人の貧困率（2012年）

国名	ひとり親（仕事あり）	ひとり親（仕事なし）
デンマーク	4.1%	22.5%
アイルランド	6.7%	51.2%
イギリス	7.5%	27.7%
オーストラリア	8.6%	68.1%
フィンランド	9.5%	30.7%
ポルトガル	10.8%	64.2%
ノルウェー	11.5%	51.1%
スウェーデン	12.4%	65.0%
スロバキア	16.6%	100.0%
チェコ	16.9%	77.9%
ベルギー	17.8%	60.5%
フランス	19.2%	54.3%
ハンガリー	19.2%	54.6%
ニュージーランド	20.0%	74.7%
オランダ	21.1%	57.7%
イスラエル	21.7%	63.8%
オーストリア	22.3%	74.2%
ギリシャ	22.4%	44.6%
スロベニア	22.5%	82.4%
ポーランド	22.6%	53.8%
エストニア	24.5%	92.8%
スペイン	26.8%	80.5%
トルコ	27.6%	43.8%
イタリア	28.3%	83.9%
メキシコ	29.2%	44.9%
カナダ	30.1%	89.8%
ラトビア	32.0%	73.2%
アメリカ（2013年）	33.5%	85.6%
チリ（2013年）	36.9%	81.0%
ルクセンブルク	39.5%	75.1%
日本	56.0%	47.4%

＊数値は大人1人で子どもを養育している家庭の人の貧困率。
ドイツ、アイスランド、韓国、スイスはデータなし。

出所：OECD「Family database "Child poverty"」

日本の貧困家庭と子ども

お金だけの問題ではない

子どもの貧困は、家庭にお金がないというだけの単純な問題ではありません。

現代社会には、家庭内暴力、子どもの虐待、病気や精神疾患、家族の自殺など、さまざまな問題があります。家族のだれかが犯罪に巻きこまれたり、自らが罪をおかしたりなどといった深刻な問題もあります。

それらさまざまな問題が複雑にからみあって、数知れないほどの家庭崩壊がおきています。そして家庭崩壊から子どもの貧困が生じてしまっているのです。

現代の「貧しさ」

現代の日本には、戦後しばらく見られたような貧しい子どものすがたはほとんどありません。

生活保護制度もあれば就学援助制度もあります。貧しさのために学校へいけないということは、義務教育（小中学校）では、ほとんどすがたを消しました。高校でもほぼなくなりました。

それでも、高校に進学する際、「お金がないから私立ではなく、公立にいきなさい」という話は、聞かれます。普段の生活のなかでも友達がもっているものを買ってもらえないということがよくあります。習いごとなど、「うちではさせてあげられない」という家庭も多くあります。

今、学校では？

子どもの6人に1人が貧困といわれる今、日本の義務教育の役割は非常に重要です。

家庭でまともな食事ができない子どもが大勢います。温かい栄養のある食事を食べられるのは、学校給食だけという子どももいます（→p24）。こうした子どもたちは学校がなければ、おそらく運動もしないし本も読まないでしょう。

宮城県石巻市のNPO法人TEDICの学習支援を受け、大学生のボランティアから、勉強を教わる被災地の子ども。災害などにより、貧困におちいる家庭も多く、継続的な支援がもとめられている。

写真：共同通信社／ユニフォトプレス

学校での、非行、暴力、いじめ、不登校など、さまざまな問題行動と、貧困が大きく関係しているといわれているんだ。でも問題行動の原因は、ちゃんと見極めなければいけないよ。

貧困といじめ

家庭の貧困と非行、暴力、いじめ、不登校などが関係するとはどういうことでしょうか。

貧困といじめ被害の関連

2015年10月、OECDは報告書『How's life?』を公表。この報告書は、OECD加盟国の人びとのくらしについて調査した結果をまとめたものです。2015年度版では、これまでではじめて「子ども」に焦点をしぼった調査がおこなわれました。このなかで、子どものいじめが貧困と関係していると指摘されています。

OECD加盟国のなかで、7人に1人の子どもが貧困の状態にあり、10％近くの子どもたちの保護者は仕事についていない。10人に1人は学校でいじめにあっている。社会や経済における家庭環境の差が子どもの幸福にあたえる影響は非常に大きい。たとえば、裕福な家庭で育った子どもはより健康で、優秀で、積極的に社会に関わり、両親や友だちとより良い関係を築けていることが多い。より恵まれた家庭の生徒は、いじめにあうことが少なく、そして学校になじめていることも多い。この結果は、大人の社会における格差が、子どもたちの幸せの差にも大きな影響をあたえていることをしめしている。

貧困層の親ほど、子どものいじめや不登校で悩んでいるという調査もある。

貧困といじめ

家庭にパソコンがなく、携帯やスマートフォン（スマホ）を、経済的理由から買ってもらえない子どもはいくらでもいる。

貧困による仲間はずれ

　非行、暴力、いじめ、不登校などが、貧困と関係する理由として考えられることは、友だちがもっているものや、やっていることを、共有できないことがあるといいます。

　現在では、学校の友だちのほか、塾や習いごとでの人間関係などがあります。そうした関係がもてない子どもが、仲間はずれになることがあります。

　また近年では、友だち同士、携帯やスマートフォン（スマホ）で連絡を取りあっている子どもが多くいます。ところが貧困家庭の子どもは、携帯やスマートフォン（スマホ）を買ってもらえません。

そもそも、スマホをもっていないことで、仲間はずれになるなんて、とてもかなしいことだね。

3 日本と世界の教育格差

そもそも「教育格差」とはなんでしょう。
日本の教育格差と世界のようすをくらべて見てみましょう。

日本の教育格差

「教育格差」は、「格差社会」ということばとともにつくられた造語です。うまれ育った環境により、受けることのできる教育に格差が生じるという意味でつかわれています。

ところが近年、日本では、この「教育格差」ということばが、次のような特別な意味でつかわれています。

- 公立の学校と私立の学校の入学金や授業料の格差のことをさすと同時に、教育内容の格差についてもいっている。
- 偏差値の高い学校と低い学校とのあいだにある教育内容などの格差。
- 私立学校や塾が多くあって、学校や塾を選ぶことができる都市と、それができない地方との格差。

しかし、こうした日本でいう「教育格差」は、本来の意味のものではないという指摘もあります。とくに開発途上国の教育格差とは、かけはなれているといいます。

都市部などでは小学生のうちから進学塾に通わせる家庭も増えている一方で、所得の低い家庭は、子どもを塾や習いごとに通わせることができず、「教育格差」が広がっている。

世界の深刻な教育格差

世界じゅうで見られる教育格差というのは、日本のように「よい学校」にいけるかどうかといったこととはまったく違います。学校そのものにいけるかどうかにかかわる深刻なものです。

学校にいけないということは、子どもでも働かなければならないこと（児童労働→p12）を意味しています。しかも、学校にいけない子どものなかには、家がない子ども（ストリートチルドレン→p14）もいます。

日本と世界の教育格差

世界の児童労働の現状

国際労働機関（ILO）によると、2012年時点で、世界の児童労働の人口は、約1億6800万人です。

インドが急速な経済発展をとげている背景には、児童を安い賃金で働かせているという問題があるといわれている。

●世界の児童労働者数（2012年）

- 児童労働をしている子ども：1億6800万人
  （男子1億人、女子6800万人）
- 危険で有害な労働をしている子ども：8500万人
- 農業：9842万人
- サービス業：5425万人
- 工業・製造業：1209万人
- 家事労働：1152万人

出所：ILO「Marking progress against child labour」

子どもに関する深刻な問題

世界の国ぐに、とくに開発途上国では、非常に多くの子どもが貧困に苦しんでいます。彼らは住む家もなく、強制的に働かされたり、兵士にさせられたりしているのです。

「児童労働」に苦しむ世界の子どもたち

今、世界には、働く子どもたちがかぞえきれないほどたくさんいます。しかも、働くといっても、日本の子どものように親や家の手伝いをするのではありません。多くの場合、工場などで強制的に働かされているのです。そうした子どもの労働を「児童労働」とよんでいます。

国際労働機関（ILO）は、「児童労働」は「原則15歳未満の子どもが大人のように働く労働」と定めています。ただし、家や田畑での手伝いなど「子どもの仕事」はふくみません。人身売買、強制的な子ども兵士、その他の強制労働、買春・ポルノ、麻薬の製造・密売などは、「子どもの健康・安全・道徳を害して心身の健全な成長をさまたげるもっとも危険で有害な労働」とし、児童労働の撲滅をうったえています。

児童労働反対を訴えるイラスト。国連は6月12日を「児童労働反対世界デー」として定めている。

バングラデシュの首都、ダッカのレンガ工場で働く子どもたち。不衛生な工場での過酷な労働のなかで、健康を害する者も多いという。

写真：ZUMAPRESS/アフロ

インドの洋服工場で働く少年。

児童労働と貧困

児童労働がおこる最大の原因は貧困です。自分が働かなければ家族全員が食べていけないという子どもたちは、世界じゅうにかぞえきれないほどたくさんいます。子どもは、大人にくらべて、安く働かせることができ、抵抗もせず命令にしたがうことなどから、児童労働があとをたたないといわれています。

ワンポイント情報

児童労働の悪影響

子どもは大人よりもはるかに敏感で健康や発達面で悪影響を受けやすいことから、次のことが指摘されている。

- 精神的に未発達の子どもは職業上の危険に対する意識が低い。
- 劣悪な作業環境も子どもの健康と発達に悪影響をあたえる。
- 重い荷物の運搬や不自然な姿勢での作業が成長過程にある子どもたちの体をゆがめたりこわしたりする。

「悪影響」ということばだけではいいあらわせない深刻な状況なんだ。

インドのニューデリーで、信号まちをしている車に乗っている人に声をかけ、布を売るストリートチルドレン。

写真：Barcroft Media/アフロ

ストリートチルドレンとは

「ストリートチルドレン」は、路上や公園などで物ごいや物売りをして生活をする子どもをさすことばです。その数は現在、世界じゅうで3000万人以上とも、1億5000万人以上ともいわれています（正確にはわかっていない）。

ストリートチルドレンの多くは家族もなく住む家もありません。でも、なかには家族が住む家があって、夜はその家にもどったり、たまに帰ったりする子どももストリートチルドレンになっていることもあります。このため、その数を把握することができないのです。また、戦争や内戦、自然災害などによって急増することもあることから、世界にどのくらいストリートチルドレンがいるか、国連の機関でさえつかめていません。

ストリートチルドレンになる理由

ILOの2005年の調べでは、推定98〜125万人の子どもたちが、人身売買の末に強制労働をしいられています。

子どもたちがこのような目にあうのも貧困のせいだといわれています。子どもを働かせたり、人身売買したりしなければ、その家族全体が、生きていけないのです。

ストリートチルドレンのなかには、児童労働や人身売買からにげだした子どもも多くいるんだ。こうした状況をなくすには、世界じゅうの人たちの力が必要だね。

子どもに関する深刻な問題

子ども兵士になる理由

「子ども兵士」とは、武器をもって戦闘に参加する18歳未満の子どもをさします。ILOによると世界の子ども兵士は、約30万人と推定されています。

子どもが兵士になる理由は、大きくふたつあります。ひとつは誘拐されたり脅迫されたりして強制的に兵士にさせられてしまう場合です。「少年兵集め」をするために学校や孤児院などをねらって、誘拐することもあります。

もうひとつは、親や兄弟が殺された子どもが自ら志願して兵士になる場合です。紛争地域に育った子どもたちは、暴力や殺人、銃声を身近に見聞きしています。彼らにとって、兵士になることは特別のことではなくなっているといいます。家もなく学校にもいけない子どもたちが、軍隊しか自分の居場所がないと考えてしまうのはしかたがないことかもしれません。

だまされやすい子ども兵士

子どもは大人にくらべて、命令にすなおにしたがいやすいといわれています。また、知識がないことで、だまされやすいのです。しかも、おさないころから人が殺されるところを見てきたりしたせいで、感覚がまひしていて人にけがをさせたり殺したりしても罪の意識が育っていないともいいます。

近年は、軽量でかんたんにあつかえる武器がでまわっているので、子どもでも武器をつかって戦闘することができるのです。

軍隊にとって子ども兵士は、地雷をさがしたり不発弾の処理をしたり、あぶない場所で偵察したりといった危険な仕事をさせるのに都合がいいとされています。

危険な仕事で死んでも、またさらってきて少年兵にすればいい！ 子ども兵士は消耗品だと考えられているのです。

シエラレオネで銃をもってパトロールをする14歳の少年兵。
写真：AP/アフロ

4 学校にいけない・いかない

世界の多くの国では5～6歳ともなると家事をこなし、10歳ごろには、1日何時間も仕事をして収入を得る子どもが、数えきれないほどたくさんいます。

学校にいけない理由

学校にいけない子どもの理由としては、次のようなことがいわれています。

- 弟や妹のめんどうをみるなど、家の手伝いをしなければならない。
- 親にかわって収入を得るために働かなければならない。
- 教科書や文房具を買うお金がない。
- 親が子どもは勉強する必要がないと考えている。

学校にいかない理由

アジアやアフリカなどの開発途上国では次のような状況はよく見られることです。

朝、くらいうちにおきて、遠くはなれた水くみ場にいって水をくむ子どもたち。それから遠くはなれた学校まで歩いていく。やっとたどりついた教室には、子どもたちがぎゅうぎゅうづめにされて

アフリカでは、多くの子どもたちが水くみの仕事をしている。

いる。先生は、多すぎる子どもたちに対し、きびしく指導し、体罰もおこなわれている。

また、国によっては次のようなこともあります。

家では、民族の言語、学校では、その国の公用語がつかわれていて、そのために、学校の授業がわからない。

授業がわからなければ、学校がつまらなくなります。そんな学校にはいきたくないという子どもが出てもふしぎはありません。彼らはしだいに学校にいかなくなります。

もっとも深刻なふたつの問題

子ども時代に学校にいかなかったり、いけなかったり、せっかくいってもやめてしまったりした経験のある大人の数は、かぞえきれません。彼らのなかには、読み書きも計算もできない人が大勢います。

読み書きができないとまともな仕事につけず、ほとんど収入が得られません（「貧困の悪循環」→p18）。

このような大人のなかには、自分がそうだったので、自分の子どもを学校にいかせる必要を感じないという人がいます。これは、子どもが学校にいけないもっとも深刻な問題のひとつです。

一方、自らの意思で親や家族のために働こうとする子どものなかには、売春したり、志願して兵士になったりする子どもがいるといいます。子ども自らの意思でそうするというのは、強制的にさせられるよりもさらに深刻な問題だといわれています。

開発途上国のウガンダで、文字を学ぶ子どもたち。校舎はなく、授業は外でおこなわれる。

学校自体の問題

開発途上国では、黒板、つくえ、いすがない学校がいくらでもあります。校舎もないところで勉強しています。なにもなくても学校は学校ですが、屋根がなければ、雨の日には、授業ができません。かべがなければ、風の強い日には勉強がしにくくなります。安全な水がのめなければ、また、トイレがなければ、学校に長時間いることができません。男女別のトイレでなければ、安心して学校にいけません。

5 学校にいかないとどうなる

文字を読み書きできない人は考える力も身につかないといわれています。生きていくうえでとても損をします。命にかかわるようなめにあうこともあります。

「貧困の悪循環」

子どものとき学校にいけない（いかない）で、読み書きや計算ができないまま大きくなってしまった人は、仕事や生活に必要な情報を手にいれられないことがあります。彼らは人にだまされたり、危ない仕事をさせられたり、日常生活のさまざまな場面で、損をすることがたくさんあります。文字の読み書きができないことから、悪い状況がますます悪くなることを「貧困の悪循環」といいます。アジアやアフリカなどの開発途上国では、今も貧困の悪循環がおきています。

● 貧困の悪循環

 文字が読めず計算ができない。

 仕事を見つけにくい。仕事がかぎられてしまう。

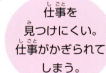 望ましい収入が得られない。

 自分の子どもにも教育を受けさせられない。

世界の識字率と死亡率

現在、世界の15歳以上の識字率（→右ページ）は、全人口のおよそ85.3％（2014年）です。

文字が読める人が少ない（＝識字率の低い）国では、5歳までの乳幼児の死亡率が高くなっているという、調査結果があります。

- 正しい知識を得ることができないため、HIV／エイズなど、さまざまな感染症にかかる可能性が高まる。
- 女子の場合、若すぎる妊娠や出産が原因で死亡する可能性も高くなる。ユニセフ（国連児童基金）によると、15歳未満の女子が妊娠・出産時に命を落とす可能性は、20代の女性にくらべて5倍高いという。

ここにあげた以外にもさまざまな理由から、識字率と5歳までの乳幼児の死亡率とが関係することが、これまでの研究から明らかにされているよ。

学校にいかないとどうなる

識字率と教育制度

文字を読み書きできる人が、国全体の何％いるかをしめしているのが「識字率」です。下の図は、開発途上国における15歳以上の識字率を国別にしめしたものです。

地図を見ると、アフリカで識字率がとくに低いことがわかります。また、識字率が低い国を見ると、女性の識字率がとても低いこともよくわかります。識字率が低いのは、教育制度がととのっていないせいで、学校教育を受けられない人が多いことによると考えられます。

文字の文化

文字は、文化を伝える重要な手段のひとつです。文字を通して、その国の文学や芸術、そして宗教などあらゆることが広がり、後世の人びとにも伝えられます。同じ文字が読み書きできることで、その国の人びとが国民としての一体感を意識したり、祖先とのつながりを感じることができます。また、国家のさまざまな命令や法律は文書で出されるので、識字率が高ければ国民全体に広がります。

> 文字の読み書きができる人を増やすこと、識字率を上げることは、国の運営にとって、非常に重要なことなんだ。

●各国の成人識字率（2015年または統計のある最新値）

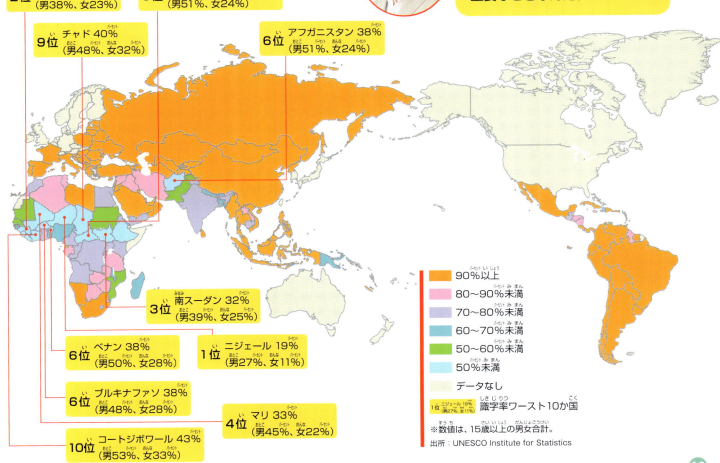

- 2位 ギニア 30%（男38%、女23%）
- 5位 中央アフリカ共和国 37%（男51%、女24%）
- 9位 チャド 40%（男48%、女32%）
- 6位 アフガニスタン 38%（男51%、女24%）
- 3位 南スーダン 32%（男39%、女25%）
- 6位 ベナン 38%（男50%、女28%）
- 1位 ニジェール 19%（男27%、女11%）
- 6位 ブルキナファソ 38%（男48%、女28%）
- 4位 マリ 33%（男45%、女22%）
- 10位 コートジボワール 43%（男53%、女33%）

凡例：
- 90%以上
- 80～90%未満
- 70～80%未満
- 60～70%未満
- 50～60%未満
- 50%未満
- データなし
- 識字率ワースト10か国

※数値は、15歳以上の男女合計。
出所：UNESCO Institute for Statistics

義務教育

「義務教育」とは、子どもに受けさせなければならないと定めた教育のことです。どの国でも義務教育がはじまる年齢はそれほど変わりません。

世界の義務教育がはじまる年齢

義務教育がはじまる年齢は、世界の国ぐにのほとんどが6〜7歳です。アイルランドではほとんどの子どもが4歳からの幼児学級から就学しています*。また、スウェーデン、ドイツなどのように学校に入学する年齢が決められていても、親の要請などで1年早く入学できる国もあります。

アジア、アフリカなどの開発途上国では義務教育制度があっても、学校にいくことができない子どもがたくさんいる国もあります。

なお、義務教育はかならずしも学校にいくことを意味するとはかぎりません。アメリカ、イギリスなどでは、学校にいかないで家で教育を受けることも認められています。

*義務教育は6〜15歳で就学前教育の義務はない。

義務教育の期間

世界の国ぐにの義務教育の期間は、まちまちです。短い国で5年、長い場合には13年という国もあります。つまり、長い国と短い国では、2倍以上のひらきがあります。また、モロッコのように義務教育制度がない国もあります。義務教育制度がない国でも、多くの公立小学校は無料となっています。

日本の義務教育期間は、小学1年生から中学3年生までの9年間ですが、実際には97％以上が高校までいっているので、義務教育期間が12年間のような状況にあります。このように、世界の義務教育は、国により非常に大きく異なっています。

ケニアの小学校。義務教育は6歳から14歳の8年間で授業料は無料だが、施設費などの費用がはらえず通学できない子どもや、途中で進級できなくなってしまう子どもが多くいる。

義務教育

各国の義務教育

アメリカ
期間は5～18歳、6～16歳と州によって異なる。学校制度も州や学区によるが、8-4、6-3-3、6-6、5-3-4制が一般的。アメリカの大学は世界的にも高い評価を受けている一方で、相当勉強しないと卒業するのはむずかしい。

イギリス
期間は5～16歳。学校制度は6-5-2制。イングランド以外では、スコットランドやウェールズの地域において少し違う教育制度もある。オックスフォードやケンブリッジといった歴史ある私立の名門大学は今でも階級意識が色こく残っている。

ドイツ
期間は州ごとに異なるが、多くの州が6～16歳。ベルリンの場合、6年間の基礎学校を出たあとに、4年間の総合制学校または、ギムナジウムという学校を選択して進学する。大学進学者は、総合制学校またはギムナジウムの上級段階を卒業し、アビトゥア（大学入学資格）試験に合格する必要がある。

フランス
期間は6～16歳。学校制度は5-4-3制で、そのあとに大学（国公立大学は、授業料無料）がある。大学ごとの入学試験はなく、18歳で受ける「バカロレア」とよばれる共通試験により進学先がきまる。

中国
期間は6～15歳。日本と同じ小学校と中学校の9年間。学校制度は6-3-3制がふつうだが、5-4-3制をとっているところもある。同じ5-4-3制をとっていても、都市部と農村部では選択の理由が違う。都市部では、学校教育にゆとりをもたせるという理由で、5-4-3制を選んでいる場合もある。一方、先生や校舎、お金も不足し、教育環境が整っていない農村部では、小学校を少しでも普及しやすいように5年制にして、中学校の4年目は職業訓練など、働くための準備にあてる。教育制度にも、都市部と農村部の格差の影響が大きくでている。

韓国
期間は6～15歳。6年間の初等学校ののち、3年間の中学校に進学する。高校受験はなく、ひとまとまりの公立・私立の学校のなかから抽選でどこに進学するかがきまる。このため、韓国の子どもたちは大学受験まで、入試を経験しない。しかし、人気の大学に入れるかどうかが、はじめての受験できまってしまうため、多くの子どもが小さいころから塾通いをし、大学受験に備える。また、国としても教育先進国を目指しているので、韓国の人びとは、教育に対してとても熱心である。

ワンポイント情報

義務教育は保護者の義務

義務教育は、「子どもが学校にいく義務」だと考える人がいるが、それはまちがいだ。義務教育は、保護者が子どもに教育の機会をあたえる義務のことをいう。日本国憲法では「教育の義務」「勤労の義務」「納税の義務」が定められている。これを「国民の三大義務」とよぶ。

6 日本の私立中学受験

日本には高い授業料の私立中学校が、現在776校*あります。中学受験は「経済格差がうんだ教育格差の象徴」だといわれることがあります。

*2016年12月22日現在。

 日本の都市の学校・地方の学校

現在、首都圏・関西圏を中心とした都市部には、私立中学を受験して進学する子どもが多くいます。地域によってはほとんどの小学生が受験するところもあります。これに対して、多くの地方ではほぼ全員が地元の公立中学に進学します。私立中学を受験できる子どもは、教育の場を選ぶ機会が多いということ。この意味では、機会があるとないとで都市部と地方のあいだに教育格差があるといわざるを得ません。ただし、こういった日本の教育格差は、開発途上国の教育格差とは違った意味のものだといわれています（→p10）。

 経済格差から生じる教育格差

私立中学を受験する子どもは、たいてい受験のために塾に通います。人気の高い中学を受験する子どもは、塾にいく回数も多くなり、塾にいきはじめる時期も早くなりがちです。

塾の授業料は高く、私立中学は公立なら必要のない受験料や入学金、高額の授業料が必要です。

親が塾や中学の授業料をはらうことができなければ、私立中学には進学できないといわれています。これが、親の経済格差がうんだ教育格差ということです。

私立中学受験では、英語など公立小学校では学習しない内容が出題されることも多く、おさないころから受験のために、英会話教室などの習いごとに通わせる家庭も増えている。

日本では、お金もちの家庭の子どもは、進学校に通い高学歴になり、貧困家庭の子どもは、満足な教育を受けられず低学歴になるという教育格差が根強い。ある調査では、東京大学に通う学生の親は年収が高いという結果が出ている。

「学歴」を重視

「学歴」は、どの学校を卒業したかをさすことばです。その人がなにを学んできたかではなく、どこの学校を卒業したかを重視することを「学歴信仰」といっています。

世界じゅうにある学歴信仰

学歴信仰は、世界じゅうで見られます。とくに日本、韓国、中国、台湾、シンガポールなどでは根強く存在するものとされています。

最近、大きく経済発展をとげているインドでも、「学歴信仰」がうまれてきたといいます。また、タイなどのように、国内の学校が充実していない国では、海外の学校を重視するといった学歴信仰もあります。

大学進学率

世界の大学進学率を見ると、大学に進学する人がほとんどいない国もあれば、韓国（71％）、スウェーデン（76％）、オーストラリア（96％）と、大半の人が大学にいく国もあります（2012年）。

日本の場合、ほぼ全員が高校に進学しますが、大学に進む人はおよそその半分です。ほかの先進国とくらべると日本の大学進学率は高いほうではありません。

そのひとつの理由として、日本の大学の授業料が高いことがあげられているよ。北ヨーロッパをはじめ、世界には、大学の授業料まで無料という国がたくさんあるよ。日本の大学進学率が低くなっている背景には、親の経済格差があるよ。

7 学校給食と貧困問題

学校給食には、貧困を考える際のヒントがつまっているといいます。世界食糧計画（国連WFP）では、学校給食が子どもを学校に通わせる重要なきっかけとなると考えています。

学校給食と貧困

　国連WFPは、学校給食が子どもの飢餓をなくすのに大きく貢献するとして、開発途上国などで給食の支援活動をおこなっています。

　国連WFPによると、現在世界では6600万人（アフリカだけでも2300万人）の小学生が空腹のまま学校に通っているといわれています。また、国連WFPのホームページには、「学校給食が子どもを毎日学校へ通わせる重要なきっかけとなります。学校給食は子どものお腹を満たし、子どもは学習に集中できるようになります。出席率も向上します」と書いてあります。

ザンビアで国連WFPの赤い容器をもって給食をもらう子どもたち。
国連WFPの活動のひとつに途上国の子どもたちに栄養のある学校給食を無料で提供する「学校給食プログラム」がある。

日本の場合

　7ページで見たように、貧困家庭では、栄養のある温かい食事を取れない実情もあります。そうした家庭の子どもにとって、学校給食はとても重要です。上記の国連WFPの考え方は、開発途上国ばかりでなく、日本にも通じることだといわれています。

ワンポイント情報

学校給食普及率

　日本の中学では、公立の場合、ほとんど学校給食がおこなわれているが、神奈川県横浜市などのように、学校給食を実施しないで生徒が弁当をもってくるようになっている市町村もある。2014年5月1日現在、全国の公立中学校1万482校のうち9210校（87.9%）が学校給食を実施している。一方、私立中学校では、給食をおこなっているところは、公立にくらべてかなり少ない。

日本の貧困家庭でも食事は1日1食・給食だけ、という子どもも少なくないという。

日本での給食費未納

文部科学省の調査によると、現在、公立小中学校で学校給食費の未納者がいる学校の割合は46.5％（2012年度）と高く、給食費未納総額は約26億円と推計されているといいます（2009年度）。給食費未納の原因は、第一に親の経済的な事情によることがあげられています。

給食費は、全国で多少の違いはありますが、公立小学校でおよそ月額4300円です。しかし、貧困に苦しんでいる家庭にとっては、それでもたいへんだということもあります。

ただし、未納者の理由は、お金がなくてはらえないというだけではありません。「義務教育なのだから給食費も国が出すべきだ」といった、親の考えによることも多くなっています。

経済的な理由で、給食費をはらいたくてもはらえない家庭と、そうでない理由ではらわない家庭かどうかがわからなくなってしまっているよ。

ワンポイント情報

学校給食費と義務教育

現在、学校給食費をはらっていない保護者のなかには「学校にいかせなければならないのなら、給食費を国が出すべきだ」という人がいる。そうした人は、義務教育について誤解しているのかもしれない。義務教育は、日本国憲法が保護者に課した義務であり、そこで受ける給食費をはらうのも義務なのだ（→p21）。

8 子どもの貧困問題、わたしたちにできること

一般の人が貧困をなくすためにできることはあるのでしょうか。まして子どもができることはあるのでしょうか。

子どもにもできることはある!

まず、すべての人が、次のようなことを知り、貧困について理解することです。

- 貧困の実態を知る
- 貧困の原因を知る
- 貧困の悪影響を知る
- 貧困の悪循環を知る

子どもの貧困が大人の問題であるとは、ことばをかえれば、子どもの貧困の責任は、大人にあるということです。

経済的事情により、服装や持ち物がみんなと同じでなくても、みんなと同じことができなくても、また、学校給食費を滞納していたとしても、子どもに責任はありません。

ところが、9ページで見たように、実際には、貧困が理由で仲間はずれやいじめなどがおこっています。貧困について、より深く理解できていれば、貧困に苦しむ子どもを、仲間はずれにしたり、いじめたりするでしょうか……。

これこそ、子どもができる貧困対策といえます。

貧困が原因で不登校になっている子どもがいれば、その子が仲間に入れるようにしていくこともたいせつです。

貧困により友だちづきあいがしにくくなり、非行や暴力にはしっている子どもに対しては、親や先生などの大人と協力して、そうした行動をやめさせるようにしむけていくことも必要です。

トップページ

キッズページ

出典:子供の未来応援プロジェクトホームページ(内閣府)

子どもの貧困問題、わたしたちにできること

大人に働きかける

貧困対策として考えられることとして、寄付があります。子どもでも、ほしいものを買わずにためたお金を寄付をすることもできます。自分のまわりの大人に寄付をよびかけることもできます。

さまざまな機関や団体が寄付を募っています。内閣府は、2015年10月、「子供の未来応援国民運動（子供の未来応援プロジェクト）」というホームページを立ちあげ、寄付を募りはじめました。

子どもの貧困対策に対する支援情報も調べてみるといろいろあるんだよ。

こんなことが考えられる

貧困に苦しんでいることを、学校などに知られたくないと考える親は多いようです。それはしかたがないことです。だから、ひとつの方法としては、子ども自らが大人に相談することが考えられるのです。

身近なところでは、学校の先生がいます。先生に事情を話し、先生を通してさまざまな支援団体に連絡をとってもらうこともできます。義務教育期間の学用品や学校給食費、修学旅行費などを援助してもらえる返済義務のない就学援助制度もあります。自治体によっては、経済的理由で適切な診療を受けられない場合、無料定額診療＊を実施している医療機関もあります。

児童手当のほかに、両親が離婚した場合やどちらかが亡くなった母子家庭・父子家庭（ひとり親世帯）のためには、児童扶養手当（母子手当）があります。自治体ごとの制度としては、児童育成手当（東京都における制度名で、名称は地方によってさまざま）や住宅手当、医療費助成制度などがあります。

このようにひとり親世帯のくらしを助成する制度は、いろいろあります。子ども自身で調べて、先生など身近な大人に相談するのは、決してはずかしいことではありません。

＊生計困難者が経済的な理由によって必要な医療を受ける機会を制限されることのないよう無料または低額な料金で診療をおこなうこと。

9 決め手は「キャリア教育」！

「キャリア教育」とは、「1人ひとりの社会的・職業的自立に向け、必要な能力や態度を育てることを通してキャリア発達*をうながす教育」のことです。
今、貧困対策として、キャリア教育に注目が集まっています。

*「社会のなかで自分の役割を果たしながら自分らしい生き方を実現していく過程」のこと。

みんなができる現実的な貧困対策は？

経済格差や教育格差をどうにかしたいと思っても、子どもができることはあまりありません。それでも、「教育は貧困の連鎖を食いとめる手段」であることをよく理解し、その上で、学校でしっかり学んでいくことは、みんなができる現実的な貧困対策となるのです。

16〜17ページで見たように開発途上国では、学校にいかないために、大人になっても貧困に苦しむ人がたくさんいます。これは、先進国でも同じです。

学校で学ぶこと

学校教育法という法律には、学校にいく目的は「思考力、判断力、表現力その他の能力をはぐくみ、主体的に学習に取り組む態度を養うこと」とあり

ます。この「思考力、判断力、表現力その他の能力」は、国語や算数などの教科の内容であり、「主体的に学習に取り組む態度」とは、学校で学習することに対して自発的に学習していこうとする態度のことです。こうした能力と態度を育てるのがキャリア教育なのです。

近年、貧困の世代間連鎖（→p5）をつくらないためにもキャリア教育が重視されてきました。

ワンポイント情報

あまり知られていないキャリア教育

あるアンケートによると、小学生の保護者は、「キャリア教育」ということばを「聞いたことがない」が73.6%いたという。ところが、小学校で職業や仕事についての学習をすることを「有意義だ」と回答した保護者は9割を超えていた。これは、保護者が「キャリア教育」ということばを知らなくても、学校でそれをおこなうことに期待していると考えられる*。

*右ページ「シリーズ・『変わる！ キャリア教育』」より。

キャリア教育が注目される背景

キャリア教育で、「自分で働いてお金をかせいで生活するための能力や態度」を養っていかなければならないことを、学校でも具体的に学ぶようになった。

キャリア教育が重視されている背景には、近年、ニート（→2巻p11）とよばれる人たちの増加が社会問題になっていることがあげられます。

「ニート」とは「Not in Employment, Education or Training)」の頭文字（NEET）をとったことばです。これは「就業、就学、職業訓練のいずれもしていない人」のことです。「若年無業者」ともいわれ、「15歳から34歳の非労働力人口のうち、通学もせず、職業訓練も受けていない者」をさします。

働かなければ、貧困になってしまうのは、いうまでもありません。親が裕福だとしても、いずれ貧困におちいってしまいます。そういう人がどんどん増えれば、日本全体が経済的にまずしくなってしまいます。

こうしたなかで、より若いうちから「自分で働いてお金をかせいで生活する」ことを身につけなければならないと考えられるようになってきたのです。

ワンポイント情報

「シリーズ・『変わる！ キャリア教育』」

貧困とキャリア教育の関係については、「シリーズ・『変わる！ キャリア教育』」という全3巻の本がある（長田弘監修、こどもくらぶ編著、ミネルヴァ書房）。各巻のタイトルは、『1 学校にいくのは、なんのため？ 読み・書き・計算と学ぶ態度を身につけよう』『2 「仕事」と「職業」はどうちがうの？ キャリア教育の現場を見てみよう』『3 どうして仕事をしなければならないの？ アクティブ・ラーニングの実例から』。このシリーズでは、キャリア教育が変わるとはどういうことか、さまざまな視点から紹介している。

用語解説

本文中の覚えておきたい用語を五十音順に解説しています。

●**経済協力開発機構（OECD）**……5、6、8
先進国を中心とする加盟国が協力して経済の安定成長と貿易の拡大につとめ、さらに開発途上国への援助の促進と調整をはかることを目的とする国際協力機関。1961年に発足し、本部はパリにある。日本の加盟は1964年で、2016年現在以下の35か国が加盟している。

・EU加盟国（22か国）
イギリス、ドイツ、フランス、イタリア、オランダ、ベルギー、ルクセンブルク、フィンランド、スウェーデン、オーストリア、デンマーク、スペイン、ポルトガル、ギリシャ、アイルランド、チェコ、ハンガリー、ポーランド、スロバキア、エストニア、スロベニア、ラトビア。

・その他（13か国）
日本、アメリカ、カナダ、メキシコ、オーストラリア、ニュージーランド、スイス、ノルウェー、アイスランド、トルコ、韓国、チリ、イスラエル。

●**国際労働機関（ILO）**……11、12、14、15
社会正義と人権および労働権を推進する国連の機関。1919年に第一次世界大戦の講和条約として調印されたヴェルサイユ条約にもとづいて、国際連盟の機関として発足。1946年に国連の最初の専門機関となった。本部はジュネーヴにある。

●**児童手当**……27
一般家庭における児童養育費の負担を軽減し、児童の健全な育成と資質の向上を図ることを目的とする社会保障制度のひとつ。

●**児童扶養手当**……27
両親が離婚した場合、また死亡によりどちらかの養育しか受けられないひとり親世帯などの児童のために地方自治体から支給される手当。

●**就学援助制度**……7、27
経済的理由によって、就学困難と認められる学齢児童生徒の保護者に対して、学用品費、修学旅行費、学校給食費などを援助する制度。

●**生活保護制度**……7
資産や能力等すべてを活用してもなお生活に困窮する人に対し、困窮の程度に応じて必要な保護をおこない、健康で文化的な最低限度の生活を保障し、その自立を助長するための制度。

●**世界食糧計画（国連WFP）**……24
飢餓と貧困をなくすことを使命に活動する、国連唯一の食糧支援機関。災害や紛争時の緊急支援、栄養状態の改善、学校給食の提供などを柱に、毎年約80か国でおよそ8000万人に食糧支援をおこなっている。

●**ユニセフ（国連児童基金）**……18
保健分野を中心に、栄養の改善、飲料水の提供、母子福祉、教育など子どもに関する援助をおこなっている国連の機関。また、子どもの生存、発達、保護、社会参加というさまざまな権利を実現・確保するための「子どもの権利条約」（1990年発効）の作成に参加するなど、子どもの権利の実現に取りくんでいる。

さくいん

あ行

- アイルランド ……………………………………… 20
- アジア ……………………………………… 16、18、20
- アフリカ ……………………………… 16、18、19、20、24
- アメリカ ……………………………………… 20、21
- イギリス ……………………………………… 20、21
- いじめ ……………………………………… 7、8、9、26
- インド ……………………………………… 11、13、14、23
- オーストラリア ……………………………………… 23

か行

- 開発途上国 ……………… 10、12、16、17、18、19、20、22、24、28
- 格差社会 ……………………………………… 10
- 学歴信仰 ……………………………………… 23
- 学校 ……………… 7、8、9、10、15、16、17、18、19、20、21、22、23、24、25、27
- 学校給食 ……………………………………… 7、24
- 学校給食費 ……………………………………… 25、26、27
- 学校教育法 ……………………………………… 28
- 韓国 ……………………………………… 21、23
- 感染症 ……………………………………… 18
- 義務教育 ……………………………………… 7、20、21、25、27
- キャリア教育 ……………………………………… 28、29
- 教育格差 ……………………………………… 5、10、22、23、28
- 経済格差 ……………………………………… 4、5、22、23、28
- 経済協力開発機構（OECD）……………… 5、6、8
- 携帯 ……………………………………… 9
- ケニア ……………………………………… 20
- 国際労働機関（ILO）……………… 11、12、14、15
- 子ども兵士 ……………………………………… 12、15

さ行

- 識字率 ……………………………………… 18、19
- 児童手当 ……………………………………… 27
- 児童扶養手当（母子手当）……………………… 27
- 児童労働 ……………………… 10、11、12、13、14
- 死亡率 ……………………………………… 18
- 就学援助制度 ……………………………………… 7、27
- シンガポール ……………………………………… 23
- スウェーデン ……………………………………… 20、23
- ストリートチルドレン ……………………… 10、14
- スマートフォン（スマホ）……………………… 9
- 生活保護制度 ……………………………………… 7
- 世界食糧計画（国連WFP）……………………… 24
- 相対的貧困率 ……………………………………… 4、5

た行

- タイ ……………………………………… 23
- 大学進学率 ……………………………………… 23
- 台湾 ……………………………………… 23
- 中学受験 ……………………………………… 22
- 中国 ……………………………………… 21、23
- ドイツ ……………………………………… 20、21

な行

- ニート ……………………………………… 29
- 日本国憲法 ……………………………………… 21、25

は行

- ひとり親世帯 ……………………………………… 6、27
- 貧困の悪循環 ……………………………… 17、18、26
- 貧困の世代間連鎖 ……………………………… 5、28
- 貧富の差 ……………………………………… 4
- 不登校 ……………………………………… 7、8、9、26
- フランス ……………………………………… 21

ま行

- モロッコ ……………………………………… 20

や行

- ユニセフ（国連児童基金）……………………… 18

■ 監修

池上 彰（いけがみ あきら）

1950年長野県生まれ。慶應義塾大学卒業後、1973年、NHKに記者として入局。1994年から「週刊こどもニュース」キャスター。2005年3月NHK退社後、ジャーナリストとして活躍。名城大学教授、東京工業大学特命教授。著書に『ニュースの現場で考える』（岩崎書店）、『そうだったのか！ 現代史』（集英社）、『伝える力』（PHP研究所）ほか多数。

■ 著

稲葉 茂勝（いなば しげかつ）

1953年東京都生まれ。大阪外国語大学、東京外国語大学卒業。子ども向けの書籍のプロデューサーとして多数の作品を発表。自らの著作は『世界の言葉で「ありがとう」ってどう言うの？』（今人舎）など。国際理解関係を中心に著書・翻訳書の数は80冊以上にのぼる。2016年9月より「子どもジャーナリスト」として、執筆活動を強化しはじめた。

■ 企画・編集　こどもくらぶ
■ 表紙デザイン　尾崎朗子
■ 本文デザイン　佐藤道弘
■ ＤＴＰ制作　㈱エヌ・アンド・エス企画

この本の情報は、2017年1月までに調べたものです。今後変更になる可能性がありますので、ご了承ください。

■ 写真協力

表紙：写真：Fast&Slow / PIXTA
大扉：写真：Barcroft Media/アフロ
p6：© one - Fotolia.com
p8：© BRAD - Fotolia.com
p9 上：Fast&Slow / PIXTA
p9 下：scb13 / PIXTA
p10：Ushico / PIXTA
p11：© Samrat35 | Dreamstime.com
p12：© Beata Jana Filarova | Dreamstime.com
p13：© Paul Prescott | Dreamstime.com
p16：© Youssouf Cader | Dreamstime.com
p17：© Alan Gignoux | Dreamstime.com
p20：© Birute Vijeikiene | Dreamstime.com
p22：Fast&Slow / PIXTA
p23：© moonrise - Fotolia.com
p25：Fast&Slow / PIXTA
p29：Fast&Slow / PIXTA
裏表紙：© Youssouf Cader | Dreamstime.com

シリーズ・貧困を考える③　子どもの貧困・大人の貧困
貧困の悪循環　子ども時代に貧困なら大人になっても？

2017年3月30日　初版第1刷発行　〈検印省略〉

定価はカバーに表示しています

監修者　池上　彰
著　者　稲葉茂勝
発行者　杉田啓三
印刷者　金子眞吾

発行所　㈱ミネルヴァ書房
607-8494　京都市山科区日ノ岡堤谷町1
電話 075-581-5191／振替 01020-0-8076

©稲葉茂勝, 2017　　印刷・製本　凸版印刷株式会社

ISBN978-4-623-07923-0
NDC360/32P/27cm
Printed in Japan

シリーズ
貧困を考える

池上 彰 /監修

稲葉 茂勝 /著

27cm 32ページ NDC360

❶ 世界の貧困・日本の貧困
国際比較 世界と日本の同じと違いを考えよう！

❷ 昔の貧困・今の貧困
歴史的変化 変わる貧困と変わらない貧困を考えよう！

❸ 子どもの貧困・大人の貧困
貧困の悪循環 子ども時代に貧困なら大人になっても？